NOTICE

SUR

MME DE LA BOULAIE

SŒUR DE St-VINCENT-DE-PAUL,

SUPÉRIEURE DE L'HOPITAL DE BELLÊME (ORNE),

Par le Docteur Jousset,

MÉDECIN DE CET HOPITAL, ETC.

MAMERS,

IMPRIMERIE DE JULES FLEURY.

M DCCC LIII.

NOTICE

SUR

MME DE LA BOULAIE,

Sœur de St-Vincent-de-Paul et Supérieure de l'Hôpital de Bellême

(ORNE).

PAR LE DOCTEUR JOUSSET,

MÉDECIN DE CET HOPITAL, ETC.

—

Voici peu de jours s'éteignait à la suite d'une longue et cruelle maladie, à l'âge de soixante-treize ans et modestement dans la maison des pauvres, sans le bruit, sans le retentissement qui accompagnent d'habitude les illustres du monde, une femme d'un haut nom cependant, d'un grand mérite et dont la longue vie s'était écoulée dans la pratique du bien, en semant autour d'elle les trésors de ses bienfaits : Victoire-Pauline DE LA BOULAIE, supérieure de l'hôpital de Bellême.

Elle était née le 9 mars 1781, à Etcoussat, près Gannat (Allier), de Messire Charles-Joseph-Nicolas de la Boulaie, chevalier, seigneur de Bierre, capitaine d'infanterie et chevau-léger de la garde ordinaire du roi, et de Dame Jacque-Françoise-Geneviève Rurque, son épouse; M. de la Boulaie père quitta Etcoussat pour aller demeurer à Billon (Puy-de-Dôme), où ses nombreux enfants devaient être plus à même de recevoir une éducation convenable. Pendant la terreur, il fut forcé de s'expatrier et subit les rigueurs de l'exil. Madame de la Boulaie mère et ses deux enfants aînés furent jetés en prison. Mademoiselle de la Boulaie n'ayant alors que douze ans se jeta aux pieds du commissaire de la Convention qui, touché de tant de courage et de dévouement dans un âge si tendre, accorda la grâce et la liberté qui lui étaient demandées. Le calme rétabli, mademoiselle de la Boulaie eut le bonheur de revoir son père. Mais les malheurs publics avaient muri et rendu sérieuse cette précoce intelligence. Le temps que les jeunes personnes de son âge donnent au plaisir, elle le consacrait à faire l'école aux enfants pauvres; elle l'employait à soigner les malades. S'associer aux

œuvres des personnes charitables était son délasse-
ment ; sa vocation se prononçait. Jeune, elle renonça
donc de bonne heure aux avantages de la jeunesse, à
ses plaisirs, à sa beauté, aux douceurs de la famille,
aux splendeurs du monde, aux biens qui résultent
d'une position élevée dans la société. Ne parlons pas
du sacrifice des affections de cœur, de l'étouffement
des plus doux sentiments de l'âme, hors la pitié, la
pitié pour les douleurs qui crient secours vers Dieu.

A tous les avantages du monde, madame de la
Boulaie préféra ces demeures où viennent trouver un
asile les misères et la souffrance, où s'étalent la maladie
et la mort sous les aspects les plus hideux, pour recueillir les soupirs des uns, animer les autres à la patience, les secourir tous d'une même pitié et charité ;
et dans ces lieux de la douleur physique animer les
âmes tièdes ou incrédules de ses exhortations, dis-
tribuer à tous des encouragements : toutes actions se-
crètes pour le monde, humblement cachées, couvertes
du voile de l'oubli, vues de Dieu seul qui les compte,
et les inscrit dans le livre de vie pour l'éternité et la
distribution de l'équitable rémunération. Madame de
la Boulaie se dévoua donc aux fonctions de sœur de

charité, fit son noviciat au siège de la communauté en 1806, fut envoyée par ses chefs à l'hôpital d'Angers, où elle resta plusieurs années, et enfin, son mérite reconnu et apprécié, elle fut destinée au plus important emploi de supérieure, et dirigée en cette qualité à l'hôpital de Bellême (Orne), où elle a accompli depuis 1818, la plus longue partie de son utile carrière.

Le rappellerai-je avec un illustre prélat? Vous savez le sentiment de répulsion qu'on éprouve généralement à recueillir les soupirs contagieux qui s'exhalent du sein des mourants et qui souvent empoisonnent et font mourir ceux qui vivent. Le mal qui consume l'un menace les autres; le danger est presque égal en celui qui souffre et en celui qui l'assiste; et l'on ne peut avoir en servant des sortes de malades que la malheureuse consolation de les voir mourir, ou la triste espérance de ne leur survivre que de quelques jours. La nature en cette occasion relâche beaucoup de ses droits et de ses obligations ordinaires. La religion même dispense à la rigueur de certains funestes devoirs, ceux qui n'y sont pas engagés par un caractère particulier. Il est permis d'acheter des secours et d'employer les âmes que l'avarice jette dans les dangers ou qu'une charité surabondante a dévouées au bien public. Madame de la Boulaie s'élève au dessus des sentiments d'une piété commune; elle est née pour faire des actions héroïques; elle sacrifie volontairement une vie douce, heureuse; et avec une constance admirable elle demeure ferme au milieu d'un labeur qui fait trembler les plus courageux. Bénies soyez pieuses institutions, où Dieu, créateur des pauvres et des riches, est honoré par la patience des uns, par la charité des autres.

Madame de la Boulaie était née pour l'action et pour la conduite du monde; la nature lui avait donné en partage le sentiment de l'autorité, le sens de l'exercice du pouvoir, le repos lui fut inconnu. L'intelligence, la sagesse sont des deux sexes; pour tous les mêmes principes de raison, d'équité naturelle; il semble que parfois Dieu se complaise à susciter des femmes plus fortes qu'il élève au-dessus des faiblesses ordinaires de la nature, qu'il gratifie d'une énergie virile et qu'il rend dignes du gouvernement, et de servir de modèle et d'encouragement à leur sexe. Telle fut celle que nous avons vue de longues années à l'œuvre et qu'une population sympathique regrette avec nous. Elle eut, ce que l'on aime à trouver, le mérite éminent qui concilie l'estime et l'admiration publique. Ceux qui l'ont connue ont remarqué son air de grandeur et de majesté qu'elle savait au besoin accompagner de grâce, rehaussé par un esprit solide et en même temps délicat. Ils n'oublieront pas son jugement éclairé, son caractère noble qui n'avait pas dérogé du haut rang où elle était née. Ils ont sous les yeux encore cette exécution de la justice, le maintien autour d'elle d'une stricte discipline, le soin d'écarter les abus qui se glissent si facilement même là où sont institués les meilleurs règlements, la conservation de la paix au milieu d'individus que le genre de leur éducation à rendus trop souvent peu dociles, et soumis, enclins à l'insurrection et au désordre ; prince pacifique, aux grands principes d'équité, non moins que de fermeté, qu'elle a pratiqués jusqu'à la dernière limite de l'âge et de la maladie avec une persévérance réservée aux seules âmes d'élite. Seigneur, s'écriait le prophète, donnez-lui votre jugement et votre justice ! et le Seigneur dans sa miséricorde l'avait gratifiée largement de l'esprit de charité et d'équité.

Aussi lorsque Dieu l'a retirée du monde où il l'avait rendue si utile et où sa mémoire est en bénédiction ; en un temps où le public juge son prochain avec sévérité et partialité ; où l'on fait la part des bonnes et des mauvaises actions de ceux qui meurent, la part mauvaise généralement plus grosse, et où chacun rappelant ses impressions d'éloge ou de blâme suivant ses passions, fait l'oraison funèbre, selon sa façon de juger, que de regrets francs et non suspects ! Quels témoignages dictés par l'estime et la reconnaissance ! Quels concerts d'amour sortis de la bouche de ceux que sa main à secourus, des pauvres demandant à Dieu pour elle la protection qu'elle leur a accordée.

Cette vie qui s'est écoulée dans l'exercice de la charité et du travril hospitalier s'est terminée par une mort chrétienne préparée par des infirmités cruelles, supportées avec une longue patience et une soumission entière à la volonté de Dieu qui a voulu dans ses desseins connus de lui seul la frapper par une épreuve décisive. Dirai-je ses infirmités naissantes, ses forces qui diminuent tous les jours, le poids qui l'accable insensiblement, une faiblesse imprévue qui l'arrête au milieu des grands emplois qu'elle remplissait avec son courage et son ordinaire sagacité! Vous représenterais-je ses efforts désespérés pour remplir ses devoirs, jusqu'à ce que, vaincue enfin par la douleur et l'impuissance, l'épuisement de ses forces trahit son zèle pour la première fois! Alors séparée par la violence du mal de ce qu'elle avait de plus cher au monde, ses pauvres, accablée sous l'étreinte de la douleur, elle s'appliqua à souffrir chrétiennement. La croix qu'elle supporta fut lourde; le fardeau lui pesa de longs mois; rien ne lui a été épargné; elle dût s'appliquer ce que Salomon dit de la femme forte : *accinxit fortitudines lumbos suos*; elle ramassa toutes ses forces pour être digne de son divin modèle.

La malade eut le secours éclairé et chaleureux de compagnes dévouées. Elles la plaignaient avec tant de compassion qu'elles mêmes avaient besoin d'être consolées. La pitié eut aussi sa douleur, et les témoins du mal eurent leurs ennuis, leurs tristesses, leurs peines en proportion de ce que s'épanchait cette angoisse de l'agonie. Que d'affection chrétienne s'est produite autour de ce lit de mort; que de prières touchantes ont été adressées à Dieu pour le salut de celle qui fut mère, mère de la communauté, mère dans la direction du travail, de la charité, de la sainteté.

L'église avait accordé toutes ses pompes à celle qui eut voulu être inhumée comme la plus humble. Un autre cortège l'accompagnait non moins glorieux; les pauvres la portèrent à sa dernière demeure parée des ornements réservés à ceux qui ont pratiqué la pureté et la chasteté. D'autres pauvres qu'elle avait obligés, et le nombre en était grand, ne la quittèrent qu'à la dernière limite; les autorités de la ville se sont empressées d'honorer l'auteur de tant de services rendus; le concours de la population n'a pas fait défaut à ce deuil général. Dans cet accomplissement de ce devoir extrême bien des larmes ont été répandues, les plus méritantes devant Dieu, celles de l'indigent; bien des regrets ont été ressentis et exprimés; de tous, les cœurs ont été émus, et nul n'est resté indifférent et n'a fait de cet accompagnement une vaine parade et un mondain spectacle. Puis enfin cette fosse s'est fermée aux regards. Sera-t-il dit qu'un demi siècle de la pratique obstinée de tant de vertus aboutira à cette tombe froide et stérile! et de cette cendre inanimée il ne surgira pas un enseignement, une espérance! Quoi, ant de soins, d'efforts, de labeurs, d'œuvres fructueuses n'auraient pas leur salaire de la journée, ce prix que le monde ne donne jamais à la vertu, si même il ne la traduit pas en persécution! Non, non; il ressort de cette couche funèbre une pieuse et salutaire instruction. Dieu lui-même vous l'a enseigné : cette sœur que vous pleurez n'est pas morte, ceux qui croient en lui et vivent en lui ne mourront jamais. Oh, acceptez la parole divine; c'est la consolation, c'est la vérité. Celui qui a semé le bien le récolte, non en ce monde où l'arbre produit des fruits amers, mais en un autre, où là seulement le juste trouve le prix de la lutte qu'il a entreprise et soutenue. Dieu a reçu dans son sein celle qui, en son nom, sans trève ni relâche, a suivi sa loi; il lui a donné le repos et la récompense qu'il réserve à ses élus; et ses sœurs, les compagnes de ses travaux, les témoins de ses vertus dans leur foi vive, dans leur espérance sincère, seront les premières à en accueillir la promesse : je le crois, Seigneur, je le crois, parce que vous l'avez dit; car les adorateurs du Christ, ceux qui ont parcouru sa vie et sont entrés dans sa vérité ne meurent pas; ils ne font que changer de vie; ils ne dorment pas seulement du sommeil de la paix, ils se réveillent pour le jour de la récompense. Celle que nous regrettons, que les pauvres assemblés en foule pleurent amèrement est vivante devant Dieu.

Bellême, octobre 1853.